La mer

Texte de Stéphanie Ledu
Illustrations de Delphine Vaufrey

MILAN
jeunesse

Sur cette carte du monde appelée **planisphère**, tu peux voir que la Terre est surtout recouverte d'eau.

Il y a les **océans**, immenses, et les **mers**, plus petites. Certaines sont fermées : ce sont des sortes de grands lacs salés.

Le **Pacifique** est l'océan le plus vaste. Au sud se trouvent des centaines de petites îles baignées par des eaux transparentes et chaudes.

Leur sable blanc est fait de poussières de **coquillages** et de débris de minuscules animaux marins, les **coraux**.

L'**océan Arctique**, près du **pôle Nord**, est le plus froid. L'eau gèle : elle forme une épaisse couche de glace, la **banquise**, qui s'agrandit l'hiver, puis fond en partie en été.

As-tu déjà goûté l'eau de mer ? Depuis des milliards d'années, les fleuves y apportent des petits éléments contenant du **sel**. C'est pour cela qu'elle est salée !

Dans les **marais salants**, le soleil et le vent font **évaporer** l'eau. Il reste le sel, que l'on récolte pour la cuisine.

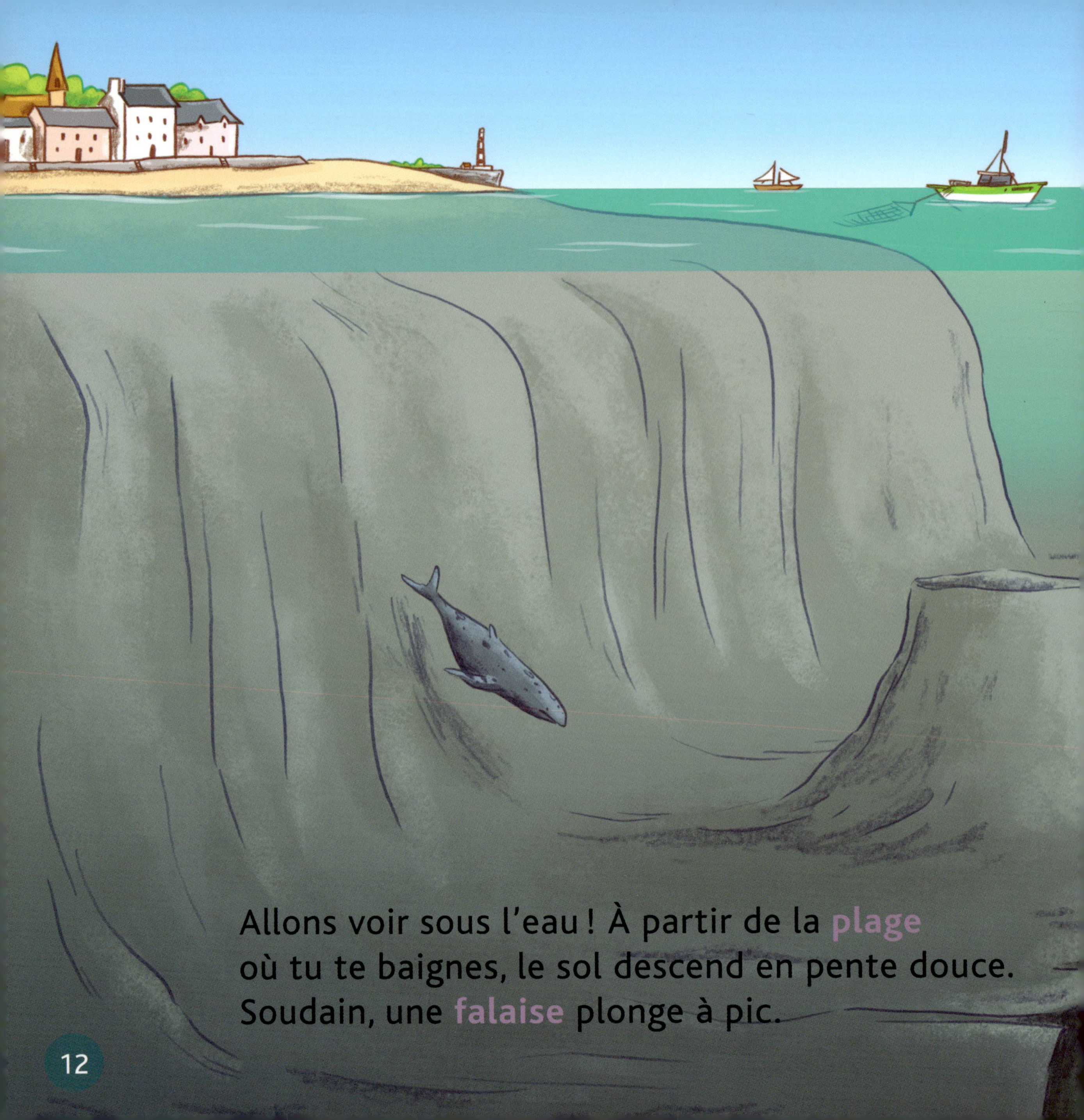

Allons voir sous l'eau ! À partir de la **plage** où tu te baignes, le sol descend en pente douce. Soudain, une **falaise** plonge à pic.

Le fond de la mer est une immense **plaine**, avec des montagnes et des volcans.

Pour étudier les grands fonds, on utilise
un petit sous-marin très résistant, le **bathyscaphe**.
Mais qu'y a-t-il dans les **abysses** ?

Il fait tout noir et très froid... Des poissons un peu effrayants vivent ici. Certains possèdent une lumière. Elle leur sert à attirer les autres poissons pour les manger !

On connaît plus de 270 000 **animaux marins** différents. Reconnais-tu ceux-ci ?

La plupart vivent près de
la surface, près des **côtes**.
Mais ce **cachalot**, qui
chasse un **calmar géant**,
plonge très profond.

À **marée basse**, tu peux observer des coquillages et des crustacés. Les **patelles** et les **moules** se collent aux rochers.

Les **crabes** et les **crevettes** se réfugient dans les flaques. Tous attendent le retour de la **marée haute** !

Depuis toujours, les hommes s'installent près de la mer pour vivre de la **pêche**. C'est dans l'**océan Atlantique** que l'on attrape le plus de poissons.

Les **chalutiers** sortent du port quand la mer est haute. Ils partent au large jeter leurs **filets**.

C’est aussi par la mer que l’on transporte le plus de marchandises. Dans le **port de commerce**, les gigantesques **cargos** chargent et déchargent leurs livraisons.

Ce navire emmène des centaines de passagers pour une **croisière**. Ils feront du tourisme lors des **escales** du bateau !

La mer n'est pas toujours calme... Quand les vents soufflent fort et longtemps, ils donnent naissance à des vagues hautes comme des immeubles. Avis de **tempête** !

Ce **remorqueur** va au secours des bateaux
en détresse. Il sort par tous les temps.

Les océans et les mers sont précieux.
Mais aujourd'hui, ils sont en danger.

Beaucoup de **déchets** y sont rejetés.
Parfois, un **pétrolier** coule. Le pétrole se répand dans la mer, causant une **marée noire** qui tue les plantes et les animaux.

Toi aussi, tu peux aider à protéger la mer, en gardant les plages propres, en évitant de cueillir les plantes des **dunes**...

Et si tu captures des **poissons** et des **crustacés**, relâche-les après les avoir observés !

Dans la collection Mes P'tits DOCS

Les animaux de la banquise	L'école maternelle	Le pain
Les animaux de la savane	L'espace	Les pirates
Le bébé	Le football	Les policiers
Les camions	Le handicap	Les pompiers
Le chantier	Les Indiens	Les princesses
Les châteaux forts	Le jardin	La station de ski
Chez le docteur	La Lune	Les voitures
Le cirque	Les maisons du monde	Voyage en avion
Les Cro-Magnon	La musique	Voyage en train
Les dinosaures	La nuit	Le zoo

www.editionsmilan.com

Loi 49-956 du 16 juillet 1949 sur les publications destinées à la jeunesse.
ISBN : 978-2-7459-3624-0
Dépôt légal : 1er trimestre 2009
Mise en pages : Graphicat

Imprimé en Italie par Ercom